Collection Auguste ANGELLIER

Chine - Japon - Tonkin

Février 1912.

Chine = Japon = Tonkin

Collection de feu M. A. ANGELLIER

OBJETS D'ART

de la Chine, du Japon & du Tonkin

JADES — CRISTAUX — STÉATITES — PORCELAINES
FLACONS — TABATIÈRES — PIPES & ACCESSOIRES
ÉTOFFES BROCHÉES & BRODÉES
IVOIRES — BRONZES — ÉMAUX CLOISONNÉS — LAQUES
MEUBLES INCRUSTÉS
BOIS SCULPTÉS & INCRUSTÉS — ESTAMPES & LIVRES

Dont la Vente ***après décès*** *aura lieu*

Les Jeudi 1er et Vendredi 2 Février 1912, à deux heures.

Hôtel Drouot, salle N° 11

Commissaires-Priseurs :

Me GABRIEL	Me Henri BAUDOIN
12, RUE HIPPOLYTE-LEBAS	10, RUE GRANGE-BATELIÈRE

Expert :

M. André PORTIER
24, RUE CHAUCHAT

Chez lesquels se trouve le présent Catalogue.

EXPOSITION PUBLIQUE :

Le Mercredi 31 Janvier 1912, de 2 heures à 6 heures

Hôtel Drouot, salle N° 11

CONDITIONS DE LA VENTE :

Elle sera faite au comptant.

Les acquéreurs paieront 10 % en sus des enchères.

L'exposition mettant le public à même de se rendre compte de l'état et de la nature des objets, il ne sera admis aucune réclamation, l'adjudication prononcée.

L'expert, dans l'intérêt de la vente, se réserve la faculté de réunir ou diviser les lots.

JADES ET PIERRES DURES

1. — Grand vase couvert en jade blanc verdâtre, la panse aplatie décorée de zones de grecques, se répétant sur le col, qui porte en outre deux anses tubulures.

Haut. 0 m. 30.

2. — Théière quadrilatérale décorée, sur les deux grandes faces, de scènes animées de personnages. Anse surmontée d'une tête de taotie. Couvercle à décor de nuages. Jade blanc verdâtre.

Haut. 0 m. 17.

3. — Brûle-parfums, portant deux anses en têtes de taoties, la panse décorée d'une zone joliment cloutée, coupée d'arêtes transversales. Couvercle en bois sculpté et ajouré, surmonté d'un bouton d'agate. Socle bois sculpté. Jade blanc verdâtre.

Jolie pièce

4. — Grand vase représentant une grosse gourde entourée de feuillages et de fruits sculptés en haut-relief et détachés. Très belle pièce remarquable comme sculpture. Jade blanc.

Haut. 0 m. 30.

5. — Jolie coupe creuse, portant à l'intérieur un décor de branches de cerisier et à l'extérieur, une ronde de chauves-souris. Jade blanc. Socle à galerie en bois sculpté et ajouré.

Diam. 0 m. 18.

6. — Coupe creuse en jade blanc, finement évidée et gravée d'arabesques. Cinq petits pieds surmontés de têtes de taoties.

7. — Coupe en jade blanc simulant un fruit enfeuillagé.

Très belle matière

8. — Une autre coupe, même travail, également très belle comme pierre.

9. — Coupe creuse trépied, en jade blanchâtre, la vasque décorée de palmettes.

10. — Une autre coupe creuse décorée d'arabesques entourant le mon du bonheur. Quatre pieds ajourés surmontés de têtes de taoties.

11. — Très belle bonbonnière lenticulaire en jade verdâtre, décorée sur le couvercle d'une rosace fleurie. Pièce remarquable comme pureté et brillant.

12. — Joli plateau rectangulaire, le marli décoré de grecques, l'intérieur de médaillons de dragons.

13. — Petit godet à encre, en jade blanc, joliment évidé.

14. — Cuillère en forme de branche, finement évidée. Jade blanchâtre.

15. — Pendentif en forme de fruit ajouré. Jade blanchâtre.

16. — Petite applique en forme de vase. Socle en bois niellé.

17. — Bague en jade blanc, moucheté brun, gravée sur les quatre faces de cachets.

18. — Presse-papier en forme d'animal chimérique. Jade gris.

19. — Bonbonnière lenticulaire, en jade vert foncé, décorée sur le couvercle d'une rosace fleurie.

20. — Sceptre de mandarin, « jouy », en jade blanc, portant trois médaillons finement décorés de paysages et de fleurs.

21. — Ecran « tsuitate » en bois sculpté et ajouré, portant une plaquette de jade gravée d'un paysage.

22. — Boîte ronde en bois portant un couvercle formé de deux plaques de jade ajourées, l'une blanche, l'autre verte, s'emboîtant.

23. — Deux petites oies en cornaline blanche, tachetée de rouge.

24. — Trois bracelets en jade uni.

CRISTAL DE ROCHE

25. — Un vase aplati, en cristal de roche, décoré au col d'une zone de grecques, les deux petits côtés étant surmontés de mascarons à taoties. Socle fixe même matière.

Haut. 0 m. 16.

26. — Petit godet à eau en forme de fruit cotelé.

STÉATITES ET LARDITES

27. — Grande coupe quadrilatérale décorée sur la panse de caractères en relief. Stéatite imitant la jade verte.

Diam. 0 m. 20.

28. — Autre coupe, de même forme et de même décor que la précédente, mais en stéatite noire mouchetée gris. Socle bois sculpté.

29. — Petit vase allongé portant quatre anses ajourées. Décor de feuillage. Marbre blanchâtre.

30. — Jolie statuette du dieu de longévité, en lardite, imitant l'ivoire.

Haut. 0 m. 32.

31. — Plateau en lardite moucheté rouge, décoré de fleurs et de fruits.

32. — Petit vase quadrilatéral, les quatre faces imitant un grillage finement ajouré. Stéatite jaune.

33. — Autre statuette du dieu de longévité, un lotus sacré à la main. Lardite rouge.

Haut. 0 m. 32.

34. — Grande pièce décorative en lardite rougeâtre, représentant un dragon sortant des flots, poursuivant la perle sacrée.

35. — Grand vase, même matière, représentant des chats jouant sur des rochers ajourés.

36. — Cinq autres vases divers, même matière.

37. — Petit personnage, un grand chapeau dans le dos, s'appuyant sur un bâton noueux. Lardite imitant la jade.

38. — Petite gourde, même matière.

39. — Deux pièces en stéatite, représentant des personnages dans les rochers.

40. — Une cloche bouddhique, en stéatite noire, imitant le bronze.

41. — Grotesque debout sur la tête d'un poisson gigantesque. Jolie lardite noire.

Haut. 0 m. 25.

PORCELAINES

42. — Deux grands vases craquelés, fond chamois, décorés de personnages réservés en bleu. Zone manganèse au col, portant deux mascarons en têtes de taotiés.

Hant. 0 m. 60.

43. — Deux grands vases en porcelaine, fond bleu, décorés en relief blanc, de dragons affrontés au milieu de fleurs.

Haut. 0 m. 60.

44. — Deux grands vases fond vert décorés de scènes de personnages et d'attributs polychromés. Mascarons chimériques à anneaux fixes.

Haut. 0 m. 62.

45. — Grand vase fond gris vert, les anses détachées, décoré en relief blanc d'un arbre en fleurs.

Haut. 0 m. 60.

46. — Grand vase en porcelaine craquelée, décoré en bleu d'un fin paysage maritime.

Haut. 0 m. 61.

47. — Grand vase hexagonal, à décor de paysages maritimes, les anses formées de deux petites chimères affrontées.

Haut. 0 m. 44.

48. -- Grand vase rouleau décoré sur fond gros bleu de réserves de médaillons de personnages polychromés.

Haut. 0 m. 45.

49. — Grand vase rouleau décoré sur fond blanc, d'animaux chimériques rougeâtres. Cachet Kienlong.

Haut. 0 m. 46.

50. — Deux vases hexagonaux, décorés, sur fond craquelé, de branches fleuries en relief d'or et polychromie.

Haut. 0 m. 35.

51. — Grande gourde plate en porcelaine blanche, décorée de rinceaux fleuris bleu.

Haut. 0 m. 41.

52. — Une paire de potiches couvertes en porcelaine bleu et blanc, décor de motifs fleuris.

Haut. 0 m. 32.

53. — Une paire de potiches couvertes, décor polychrome de guerriers.

Au dos, copie du cachet Hungwou. XIVe siècle.

Haut. 0 m. 32.

54. — Un vase fond gros bleu avec fin décor or de paysages animés de biches.

Cachet Kwan-shiou.

Haut. 0 m. 32.

55. — Un vase en porcelaine blanche gravé de palmes et d'une zone d'ornements fleuris. Cachet au dos.

Haut. 0 m. 33.

56. — Un vase porcelaine blanche, décor similaire au précédent.

57. — Une garniture composée de deux tubes et de deux potiches couvertes, décorée, sur fond jaune, de médaillons de personnages.

Haut. 0 m. 30.

58. — Petit vase en porcelaine craquelée chamois, coupé sur le milieu de la panse d'une zone de fleurs bleues.

Cachet Chingwa. XVe siècle.

59. — Un joli bol intérieur céladon, décoré extérieurement d'un joli quadrillé encadrant les signes du bonheur.

Epoque Tung-che.

60. — Jolie statuette d'un personnage barbu, richement vêtu d'une robe rose décorée de médaillons fleuris. Au bas de la robe, un décor de poissons dans les vagues. Socle bois sculpté. Très jolie pièce décorative, style Kienlong.

Haut. 0 m. 65.

61. — Statuette de Vierge avec l'enfant, en porcelaine blanche à larges craquelures.

Haut. 0 m. 45.

62. — Statuette de femme, un makimono à la main, vêtue d'une riche robe rose à décor de fleurettes.

Haut. 0 m. 50.

63. — Statuette de fillette ,une branche fleurie à la main; jolie robe à décor rouge et or.

64. — Potiche couverte décorée sur fond fantaisie brun, de dragons bleus au milieu des flots.

Haut. 0 m. 40.

65. — Joli théière décorée d'un semis de fleurs, noires et bleues.

66. — Autre théière, décor de poissons au milieu des flots.

67. — Théière côtelée en porcelaine d'Imari.

68. — Joli sucrier en ancienne porcelaine d'Imari.

69. — Quatre autres théières, décor polychromé.

70. — Deux tasses couvertes et leur présentoir, décor Taokouang.

71. — Trois bonbonnières diverses.

72. — Six petites coupes lobées.

73. — Deux brûle-parfums de Satsouma et un de Koutani.

74. — Jolie assiette blanche à émaux translucides, décorée de chauves-souris encadrant le « mon » du bonheur.

Cachet Kienlong

75. — Une tasse couverte de son présentoir en porcelaine bleue à fin décor or.

Cachet Kwangshiou

76. — Deux vases décorés, sur fond rouge, de nombreux personnages lisant et discutant.

77. — Deux vases en porcelaine craquelée de Satsouma, décor de personnages.

78. — Brûle-parfums hexagonal, chaque face portant un dieu accompagné de son animal préféré. Couvercle surmonté d'une chimère.

79. — Deux brûle-parfums et un petit vase porcelaine.

80. — Un bol à décor de dragons dans les nuages et une assiette.

81. — Petit cache-pot hexagonal, style de Koutani.

82. — Six pièces porcelaines diverses.

83. — Une petite cantine à décor de dragons dans les nuages.

84. — Petit brûle-parfums, la vasque portée par quatre petits pieds courbés.

85. — Une coupe creuse, intérieur céladon, décorée extérieurement de dragons entourant le signe du bonheur et de chauves-souris.

86. — Jolie coupe en porcelaine ajourée, à décor rouge et or. Socle bois sculpté.

87. — Petite coupe intérieur or, l'extérieur décoré de dragons dans les flots. Porcelaine imitant le laque rouge.

88. — Coupe en forme de coquille, recouverte d'une fine couche d'or.

89. — Grande coupe creuse, marli or et polychrome, décor intérieur, sur fond céladon, d'oiseaux dans les branches. Style Taokouang.

Diam. 0 m. 38.

90. — Grande coupe creuse, porcelaine d'Imari, décor rouge et or.

Diam. 0 m. 33.

91. — Un vase en porcelaine bleue, à décor de caractères or.

Pièce provenant de l'Exposition Universelle de 1900 (Pavillon Chinois).

92. — Deux grandes coupes creuses, décor bleu et blanc de fleurs et d'oiseaux.

Diam. 0 m. 51.

93. — Petite assiette à émaux translucides, décor de fleurs de pêchers.

94. — Coupe octolobée, à décor polychrome de dragons et de fleurs.

Epoque Ming

95. — Coupe lobée, décorée d'un Immortel accompagné de la biche sacrée.

96. — Petite assiette à décor polychrome, paysage maritime.

97. — Divinité assise, en porcelaine blanche finement craquelée, deux mains jointes en prière, deux autres mains soulevant un lotus.

98. — Un grand plat porcelaine bleu et blanc, décor montagneux.

99. — Deux grandes verseuses en porcelaine d'Imari.

100. — Un plat, décor Persan.

101. — Deux bouteilles porcelaine, décor Persan.

101 *b*. — Deux grandes lanternes de temple en porcelaine d'Imari, à riche décor rouge, bleu et or.

101 *c*. — Deux jolies coupes creuses, sur piédouche élevé, en ancienne porcelaine d'Imari.

101 *d*. — Une paire de bouteilles gros bleu, à décor or de rinceaux fleuris et de nuages.

101 *e*. — Une paire de vases, forme bouteilles, à même décor or, sur couverte noire.

101 *f*. — Un vase rouleau en porcelaine gros bleu, décoré en réserves de poissons polychromes.

101 *g*. — Une bouteille, forme gourde à double panse, à décor genre Koutani.

101 *h*. — Un pot couvert, décor Koutani.

101 *i*. — Un vase balustre à décor de fleurettes bleues et fraises.

101 *j*. — Une boîte à gâteaux en porcelaine extérieurement laquée noir à décor or et offrant intérieurement en haut-relief des dragons émergeant des flots.

101 *k*. — Un bol, décor Ming.

101 *l*. — Une petite potiche ronde, trois couleurs. Epoque Ming.

101 *m*. — Deux grands plats en porcelaine d'Imari.

FLACONS. TABATIÈRES

102. — Flacon tabatière aplati, en jade verdâtre.

103. — — en cristal de roche, décor de personnages.

104. — — en agate jaspée.

105. — Deux tabatières, cloisonnées, sur fond bleu, de rinceaux fleuris polychromés.

106. — Trois autres tabatières, même travail.

107. — Un lot de tabatières en verre monochrome.

108. — Un lot de tabatières en verre finement peintes intérieurement.

109. — Cinq tabatières en verre opaque.

110. — Une tabatière en verre blanc, sculpté en relief d'une branche rouge.

111. — Deux tabatières en verre blanc opaque, sculpté de motifs polychromes.

112. — Un lot de tabatières en porcelaine, décors divers.

PIPES, PIPETTES ET ACCESSOIRES

---

113. — Très belle collection de 85 pipettes japonaises, la plupart anciennes, cloisonnées, montures argent, porcelaine, jade, etc., finement ciselées.

114. — Petit lot de montures en jade et verre.

115. — Trois jolies pipes à eau, complètes.

116. — Une pipe à opium formée d'un bambou, monture métal argenté ciselé, et deux fourneaux.

117. — Trois lampes de fumerie.

118. — Trois fourneaux complets pour narguilé.

119. — Deux pipes diverses.

120. — Un couteau et un racloir à opium.

121. — Petit meuble à fourneaux de pipe, en bois finement incrusté de nacre.
Tonkin XVIIIe siècle.

ETOFFES BROCHÉES ET BRODÉES

122. — Jolie tunique de mandarin, en soie gros bleu, brodée de bouquets de fleurs.

XVIIIe siècle.

123. — Une ceinture de mandarin en soie verte, avec frange.

124. — Autre tunique de mandarin soie gros bleu.

125. — Un lot de jolis manteaux et tuniques brodées polychromes sur fonds divers, cerise, nattier, évêque, gros bleu, etc.

IVOIRES

126. — Une paire de vases, pitong en ivoire uni, style pied-de-bambou.

127. — Un autre vase pitong, même genre.

128. — Trois tubes décorés au laque d'or, de fleurs et d'oiseaux.

129. — Tube monté en boîte, en ivoire sculpté.

130. — Deux porte-pipes et leurs pipes en ivoire sculpté de personnages.

131. — Un lot de dix-neuf netzukés, représentant des personnages divers.

132. — Trois statuettes ivoire.

133. — Trois coupe-papiers en ivoire, moderne.

134. — Petit panneau de soie, à encadrement bois doré, finement sculpté et fouillé, portant trois petits boutons d'ivoire sculptés d'un grand nombre de personnages minuscules.

Très jolie pièce

135. — Carapace de tortue, montée en porte-fleurs.

BRONZES

136. — Jolie statuette d'une divinité assise, les mains sur la paume des pieds, repliés. Patine brune à trace d'or. Cambodge.

Haut. 0 m. 65.

137. — Autre divinité assise, même posture. Joli bouddha en pierre imitant le bronze. Socle bois sculpté.

Haut. 0 m. 66.

138. — Grande statuette, debout, d'une divinité enrubannée tenant un écran à la main.

Haut. 0 m: 68.

139. — Autre divinité, richement vêtue, parée de bijoux, assise sur le double lotus, la paume des pieds repliée.

Haut. 0 m. 60.

140. — Autre divinité assise sur un socle de lotus élevé, l'urna au front, les index réunis, ramenés sur la plante des pieds.

Haut. 0 m. 35.

141. — Autre bouddha assis, dans la même pose, décoré de petites paillettes métalliques, Cambodge.

Haut. 0 m. 24.

142. — Statuette de Dharma debout, drapé dans son ample robe, les oreilles portant de lourds anneaux. Très belle patine brun rouge.

Haut. 0 m. 38.

143. — Elégante statuette de bouddha debout sur le lotus, la tête limbée d'un soleil dont les rayons viennent converger autour de sa tête.

Haut. 0 m. 24.

144. — Statuette de bouddha assis, l'urna au front, les mains ramenées dans le giron.

Haut. 0 m. 10.

145. — Cinq petites statuettes bronze.

146. — Petite statuette en bronze à jolie patine rouge, représentant la Vénus.

Haut. 0 m. 21.

147. — Vase à large panse, le col très évasé, les anses mobiles en forme de vagues. Patine rougeâtre.

Haut. 0 m. 30.

148. — Autre vase à patine rougeâtre, la panse coupée de quatre arêtes imitant des troncs de bambous. Traces de dorure.

Haut. 0 m. 37.

149. — Vase à panse hexagonale décoré de palmes et de caractères. Anses surmontées de têtes chimériques.

Haut. 0 m. 30.

150. — Vase à renflement médian, le col long et s'évasant, décoré de palmes et de fin carrelage. Anses à têtes chimériques.

Haut. 0 m. 25.

151. — Trois cornets en bronze jaune, le col et la panse côtelés, à décor de dragons.

Haut. 0 m. 28.

152. — Bouteille hexagonale, décorée de caractères réservés sur un fond gravé. Col côtelé.

Haut. 0 m. 27.

153. — Deux bouteilles bronze, à traces d'or, le col entouré de dragons gigantesques.

Haut. 0 m. 32.

154. — Autre bouteille hexagonale à col élancé, décoré de palmettes quadrillées. Anses détachées en forme de chimères.

Haut. 0 m. 26.

155. — Vase, la panse arrondie, finement gravé d'un décor d'oiseaux et de fleurs. Incrustations de métaux divers.

Haut. 0 m. 29

156. — Lot de vingt brûle-parfums anciens en bronze, de forme et de décoration diverses.

157. — Un joli chandelier de temple.

158. — Un autre chandelier gravé, portant une large collerette ciselée et ajourée.

159. — Grand brûle-parfums en forme de boule, le couvercle ajouré d'un dragon dans les nuages.

160. — Autre brûle-parfums, tubulaire, à décor de feuilles de mauve, portant deux anses imitant la vannerie, le couvercle surmonté d'une chimère, une patte sur la boule du monde.

161. — Autre brûle-parfums tubulaire, la panse entièrement gravée de nuages à rehauts d'or, au-dessus d'une zone de palmettes évasées. Couvercle surmonté de deux chimères.

162. — Autre brûle-parfums, en forme de boule, décoré d'une zone de caractères, mi-effacés. Couvercle surmonté d'une chimère.

163. — Brasero en bronze jaune, quadrilatéral, décoré sur les quatre faces de personnages et d'oiseaux.

164. — Petite lanterne formée d'une boule ajourée, montée sur un socle élevé.

165. — Deux lanternes de temple en bronze, la partie supérieure en forme de toit de pagode.

166. — Deux porte-cierges de temple.

167. — Un lot de petites pièces en bronze, brûle-parfums, godet à eau, etc.

168. — Joli petit brûle-parfums en forme d'oie. Bronze à traces de dorure.

169. — Un lot de miroirs shintoistes.

170. — Six cendriers de temple, en bronze finement ciselé.

171. — Deux gongs chinois, en forme de cloche renversée. Socle bois laqué rouge.

172. — Autre gong, la panse finement gravée.

173. — Un lot de gongs divers.

174. — Un lot de 15 bols, finement gravés ou incrustés, en métaux divers. Perse.

175. — Deux vases gravés, décor Persan.

176. — Deux jolis verseuses, finement niellées. Perse.

177. — Un grand porte-cierges d'autel. Persan.

178. — Un très beau lot de grands plats gravés, niellés, de décor oriental.

178 *b*. — Large coupe en bronze, la poignée étant formée d'un dragon en haut-relief.

178 *c*. — Deux jardinières suspendues en bronze entièrement ajouré.

178 *d*. — Un bouclier incrusté de petits motifs fantaisie or.

178 *e*. — Quelques gardes de sabres.

EMAUX CLOISONNÉS. — EMAUX PEINTS

179. — Jolie coupe cloisonnée, allongée en forme de bateau, décorée, sur fond bleu, de fleurs stylisées polychromes.

Epoque Kienlong.

180. — Petite bouteille à col allongé, même décor que le précédent.

Cachet Kienlong

181. — Grand vase quadrilatéral, décoré en émaux cloisonnés, sur les quatre faces de longues palmes allongées, séparées par des arêtes dentelées.

Jolie pièce decorative fin XVIIIe siècle

Haut. 0 m. 46.

182. — Grande vasque, même style que le précédent, richement décorée de trois zones cloisonnées. Anses à têtes de chimères. Longue inscription au dos.

Diam. 0 m. 45.

183. — Grand vase, même travail que les précédents, décor de palmes.

Haut. 0 m. 37.

184. — Grand brûle-parfums, la vasque décorée d'émaux cloisonnés. Couvercle ajouré surmonté d'une chimère.

Haut. 0 m. 40.

185. — Petit vase à décor de palmettes cloisonnées, anses tubulures.

Haut. 0. m. 25.

186. — Grand plat cloisonné, décoré intérieurement de fleurs et d'oiseaux de Hô. En dessous, joli décor carrelé.

Diam. 0 m. 65.

187. — Assiette cloisonnée, décorée d'une oie sous un érable. Au dos, décor spiriforme sur fond blanc.

Diam. 0 m. 30.

188. — Boîte cloisonnée, décorée, sur fond turquoise, de semis et fleurs polychromes.

189. — Grand plateau cloisonné, composé d'une assiette lobée autour de laquelle s'emboîtent sept autres petites coupes.

190. — Six petits tubes cloisonnées. modernes.

191. — Deux tubes à décor de chrysanthèmes stylisés. Cachet au dos.

192. — Petite boîte cloisonnée à décor de fleurs et de papillons.

193. — Très jolie petite garniture minuscule, comprenant deux vases et une brûle-parfums. Style Kienlong.

194. — Autre petite bouteille minuscule, dorée, finement gravée.

195. — Deux bols en émaux cloisonnés, décor oiseaux et fleurs.

196. — Boîte en émaux cloisonnés sur fond blanc, décor de fleurs.

197. — Tube cloisonné moderne, décoré d'oiseaux de Hô.

198. — Deux soucoupes en émaux peints, de Canton.

199. — Petite tasse et soucoupe lobée, même provenance.

200. — Présentoir en émaux peints, décoré, sur fond rose, d'un semis de fleurs.

200 *b*. — Trois grands vases en bronze, à décor de palmettes cloisonnées.

200 c. — Vasque à panse quadrilobée, cloisonnée sur émaux blancs de fleurettes polychromes.

200 *d*. — Cinq oiseaux divers en bronze cloisonné.

LAQUES

---

201. — Grand coffre d'armures, en laque noire, décoré d'un fin semis de fleurs en laque d'or entourant les « mon » des Matsudaira, daymios de Kamiyama. Ferrures et coins en cuivre gravé.

Dimension : 1 m. 45 - 0 m. 44 - 0 m. 33.

202. — Coffret en laque noire, à deux anses métalliques, décoré de vols de grues au milieu des nuages.

Dimension : 0 m. 55 - 0 m. 35 - 0 m. 38.

203. — Grand coffre à bijoux, en laque noire, décoré en haut-relief de laque d'or avec pavage de nacre, de deux oiseaux dans les camélias en fleurs, au bord de la cascade. Même décor sur les quatre faces.

A l'intérieur du couvercle, décor de trois tortues au milieu des rochers.

Très jolie pièce décorative.

Dimensions : 0 m. 43 - 0 m. 32 - 0 m. 20.

204. — Grande cantine à 5 cases, en laque d'or, finement décorée de branches de chrysanthèmes en différentes tonalités d'or. Socle semblable.

Jolie pièce

Haut. 0 m. 50.

205. — Grand coffret de toilette, en laque noire, décoré d'un fin semis de fleurs or, la boîte surmontée d'un cadre mobile portant le miroir, gravé de deux caractères et d'un vol de grues.

Haut. 0 m. 70.

206. — Autre cantine à 5 cases, en laque noire, décorée de buissons fleuris en laques d'or de différents tons.

207. — Autre cantine à 3 cases, décor de carrelage et de branches de pins, en laque d'or sur fond noir.

208. — Petit cabinet à secret, s'ouvrant en deux et formant cabinet aux tiroirs multiples. Laque noire rehaussée de fleurs d'or.

209. — Petit nécessaire de toilette, en laque d'or, décoré d'un fin semis de fleurs, entourant les « mon » des daymios Matsudaira et Mori, d'Akamo (Harima).

210. — Porte-cantine en laque noire, décoré d'arabesques et des « mon » des Mori, d'Akao.

211. — Boîte moderne de jeux (Boston), décorée, sur fond noir, de scènes de personnages chinois. Nombreux casiers à l'intérieur dont un contient un jeu de jetons de nacre finement gravés et sculptés.

212. — Petit cabinet étagère en laque noire, décoré de scènes de paysages maritimes.

Larg. 0 m. 45. Haut. 0 m. 37.

213. — Petit nécessaire complet comprenant la cantine, les deux flacons d'étain. Laque d'or, décor de branches de pin.

214. — Boîte de correspondance à 2 cases et un tiroir, la case supérieure comprenant le midzuire, la boîte à pierre et la pierre à encre. Couvercle décoré de deux ibis, dont un en nacre incrustée.

215. — Une boîte écriture, en laque nachiji, décorée, sur le couvercle, d'un paon, les ailes éployées. Couvercle décoré intérieurement d'une haie fleurie.

216. — Grande boîte en forme de boule en bois laqué, incrusté de rosaces en nacre polychrome.

217. — Petit nécessaire pour fumeur d'opium.

218. — Une boîte de bâtons d'encre de Chine, gravés et sculptés de personnages.

219. — Une jolie boîte à eau en laque noire, décor or de fins paysages maritimes.

220. — Un lot de jolies, boîtes en laque Tamenouri, Nachiji, etc., avec incrustations diverses.

221. — Une petite boîte écritoire, en laque noire, rehaussée d'un décor au laque d'or.

222. — Une boîte en laque, contenant un miroir en bronze d'argent, décor de grues sous un pin.

223. — Un lot de coupes à saké en laque d'or.

224. — Jolie boîte à offrande, en laque noire, surmontée d'un petit dôme grillagé.

Jolie pièce XVIIIe siècle.

225. — Un lot de chapeaux de parade, en laque.

225 *b.* — Grand support tabouret en laque makie, décoré sur le plateau d'un joli paysage montagneux en haut-relief de laque d'or.

225 *c.* — Grand boîte à correspondance, en laque nachiji, à décor de cerfs sous un arbre, en incrustations diverses.
en nacre polychrome.

MEUBLES

226. — Grand meuble cabinet en bois finement incrusté de nacre, représentant des scènes de personnages et des panneaux de fleurs. Jolie pièce d'une grande finesse d'exécution.

Haut. 1 m. 08. Tonkin XVIII° siècle.

227. — Cabinet en laque noire. Les deux portes, les deux panneaux latéraux et le panneau supérieure sont décorés, au laque d'or, de scènes maritimes. Serrure et charnières en cuivre finement ciselées.

XVIII° siècle. Larg. 0 m. 72. Haut. 0 m, 56.

228. — Grande malle à vêtements en bois laqué noir, décoré des « mon » de la famille Mori, d'Akao (Harima). Casier intérieur.

Long. 1 m. 07. Larg. 0 m. 30.

229. — Deux jolies tables vitrines en bois, finement incrustées de motifs fleuris en nacre polychrome.

Haut. 0 m. 90. Larg. 0 m. 40. Long. 0 m. 65.

230. — Grand meuble cabinet en bois de teck, comprenant une série de panneaux incrustés de nacre, entourés de panneaux soit sculptés en relief, soit sculptés et ajourés.

Haut. 1 m. 15. Larg. 1 m. 35.

231. — Joli meuble étagère en laque d'or richement décoré de paysages maritimes finement exécutés.

Haut. 1 m. 05. Larg. 0 m. 60.

232. — Grand cabinet en laque rouge sculpté de rosaces, la porte décorée de scènes de personnages, les uns au bord des flots, les autres sous les bambous. Joli travail moderne.

Haut. 1 m. 50. Larg. 0 m. 90.

233. — Deux grandes étagères murales formant pendant, une troisième étagère pouvant s'adapter comme dôme.

Hauteur de chaque étagère : 2 m. × 0 m. 85.

234. — Un meuble en bois de teck sculpté et ajouré.

Haut. 0 m. 90. Larg. 0 m. 90.

235. — Un coffret bas et allongé, même travail.

236. — Un meuble cabinet, entièrement couvert à l'extérieur de rinceaux fleuris en incrustation de nacre. Garniture intérieure de glaces. Inscription persane sur le fronton. Joli travail oriental.

Haut. 1 m. 80, Larg. 0 m. 65.

237. — Un coffret bas, même travail.

238. — Un autre meuble bois uni, formant étagère.

239. — Une table de culte, à galerie ajourée.

240. — Deux fauteuils de temple, l'un laqué rouge, l'autre laqué noir, avec applications de cuivre ciselé. Sièges en cuir.

241. — Un lot important de socles en bois de fer, sculptés et ajourés, les uns niellés, les autres avec applications.

242. — Un lot de porte-potiches en laque.

BOIS SCULPTÉS ET INCRUSTÉS

243. — Deux jolis panneaux de temple, anciens, en bois finement incrusté de nacre, représentant cinq bouquets de fleurs diverses.
Tonkin XVIIIe siècle H. 2 m. Larg. 0 m. 25.

244. — Autre panneau en largeur, même travail, représentant un massif fleuri au pied d'un rocher.
Haut. 0 m. 50. Larg. 1 m. 50.

245. — Deux autres panneaux de prière, portant en inscrustation en relief, cinq caractères.
Haut. 1 m. 60. Larg. 0 m. 35.

246. — Quatre grands plateaux, très finement incrustés de nacre, décorés de fleurs, de papillons et d'oiseaux. Jolies pièces.

247. — Six plateaux plus petits, même style.

248. — Quatre jolis vide-poches, à coins d'argent, même travail.

249. — Deux plateaux rectangulaires, décor d'oiseaux dans un arbre fleuri.

250. — Cinq panneaux allongés, même style.

251. — Trois jolies baguettes, très finement incrustées.

252. — Deux petites règles, à décor de nombreux personnages.

253. — Une jolie boîte finement incrustée d'une branche chargée de calebasses. Nacre polychrome.

254. — Autre boîte similaire, d'un très beau travail.

255. — Un vide-poche et deux petits coffrets à bijoux, à incrustations de nacre.
Jolies pièces XVIIIe siècle

256. — Cabinet à couvercle et parois mobiles, incrustations de nacre.

257. — Panneau décoratif en bois doré sculpté en haut-relief d'une tête de dragon émergeant des flots.

258. — Petit paravent à quatre feuilles, formé de plaques de porcelaine encadrées, représentant des scènes diverses.

259. — Deux autres paravents à quatre feuilles, même style.

260. — Deux petites appliques, même travail.

261. — Six plaques de peinture sur marbre, susceptibles de se monter en paravent.

262. — Deux belles appliques, composées d'une plaque en porcelaine dans un cadre en bois de fer sculpté et ajouré, représentant l'une le dieu de la longévité avec un enfant, l'autre un groupe de sages autour d'un makémono.

263. — Très jolie panneau décoratif représentant un vase fleuri sur un socle élevé. Incrustations de bronze, nacre, ivoire, etc.

264. — Très beau plateau rectangulaire représentant, incrusté en haut-relief, un oiseau de Hô perché dans les pivoines au pied d'un rocher. Très jolies incrustations de nacre et d'ivoire.

265. — Petit panneau en laque rouge portant une inscription chinoise : « Après le vent, la pluie », proverbe chinois.

266. — Deux panneaux de bois avec applications porcelaine, l'une de fleurs et canards, l'autre d'un personnage jouant avec une grenouille.

267. — Deux jolis panneaux en bois laqué décorés d'un fin semis de fleurs et de feuilles polychromes sur lesquelles se détachent, en incrustations de nacre et laque d'or, un long vol de grues.

Très jolies pièces décoratives 0 m. 87 × 0 m. 57.

268. — Deux autres panneaux représentant un oiseau de proie fonçant sur un petit oiseau qui s'enfuit à travers les branchages fleuris. Incrustations d'ivoire, nacre, os, etc.

0 m. 95 × 0 m. 62.

269. — Très belle peinture chinoise représentant deux jolies têtes de mandarins, finement exécutées.

Joli cadre en cloisonné sur cuivre ancien.

Très belle pièce signée

269 *b*. — Grand bouddha en bois, représentant Aimda, assis sur le lotus sacré. Partiellement laqué rouge.

269 *c*. — Panneau en bois sculpté et doré, représentant un dragon au-dessus des flots, en haut-relief.

269 *d*. — Un lot de panneaux, même style.

CHAPELLES

270. — Chapelle portative représentant, groupés sur les rochers, **Bouddha** entouré de ses douze disciples. Joli groupe en bois finement sculpté et rehaussé de polychromie.

271. — Autre petite chapelle en bois laqué, intérieur or, renfermant une statuette en bronze de Bouddha.

DIVERS

272. — Un joli lot d'instruments de musique, biwa, shamisen, koto, taiko, la plupart finement incrustés de nacre.

273. — Un lot d'armes comprenant des sabres japonais, coupe-coupe tonkinois, fusils Muong, etc., et des porte-sabres.

274. — Trois lanternes, à côtés de verre peints, décor de personnages.

275. — Deux balances chinoises anciennes.

276. — Trois très intéressantes pendules, système à contre-poids.

277. — Trois autres jolies pendules, système à chaîne et ressort.

278. — Une grande collection de cachets anciens et modernes, jade, ivoire, cornaline, cristal de roche, etc.

279. — Une boîte à bâtons d'encre de Chine.

280. — Un lot encriers, pierres à encre, etc.

281. — Une racine représentant sculptés deux personnages tenant des animaux.

282. — Un serpent enroulé sur lui-même, bois sculpté.

283. — Deux coupes à libations, racine sculptée et dorée intérieurement.

284. — Petit nécessaire à écrire, monture laquée, finement décoré.

285. — Deux très belles ceintures anciennes garnies de nombreux cabochons, avec application de cuivre gravé et ciselé. Très jolies pièces.

ESTAMPES ET LIVRES

286. — Un lot d'estampes modernes.

287. — Un lot de livres japonais illustrés en noir et en couleurs.

288. — Numéros omis.

Imp. KELLER & POIRIER
88, Rue Rochechouart. 88
——— PARIS ———

www.ingramcontent.com/pod-product-compliance
Ingram Content Group UK Ltd.
Pitfield, Milton Keynes, MK11 3LW, UK
UKHW020519180726
13839UKWH00005B/2189

9 782329 504308